школа - koulu	2
подорож - matka	5
транспорт - kuljetus	8
місто - kaupunki	10
ландшафт - maisema	14
ресторан - ravintola	17
супермаркет - supermarketti	20
напої - juomat	22
їжа - ruoka	23
ферма - maatila	27
дім - talo	31
вітальня - olohuone	33
кухня - keittiö	35
ванна кімната - kylpyhuone	38
дитяча кімната - lastenhuone	42
одяг - vaatteet	44
офіс - toimisto	49
економіка - talous	51
професії - ammatit	53
інструменти - työkalut	56
музичні інструменти - soittimet	57
зоопарк - eläintarha	59
спорт - urheilu	62
дії - aktiviteetit	63
сім'я - perhe	67
тіло - vartalo	68
лікарня - sairaala	72
аварійний випадок - hätätilanne	76
Земля - maa	77
годинник - kello	79
тиждень - viikko	80
рік - vuosi	81
форми - muodot	83
фарби - värit	84
протилежності - vastakohdat	85
числа - numerot	88
мови - kielet	90
хто / що / як - kuka / mitä / miten	91
де - missä	92

Impressum
Verlag: BABADADA GmbH, Nedderfeld 112 , 22529 Hamburg
Geschäftsführer / Verlagsleitung: Harald Hof
Druck: Books on Demand GmbH, In de Tarpen 42, 22848 Norderstedt

Imprint
Publisher: BABADADA GmbH, Nedderfeld 112 , 22529 Hamburg, Germany
Managing Director / Publishing direction: Harald Hof
Print: Books on Demand GmbH, In de Tarpen 42, 22848 Norderstedt

школа

koulu

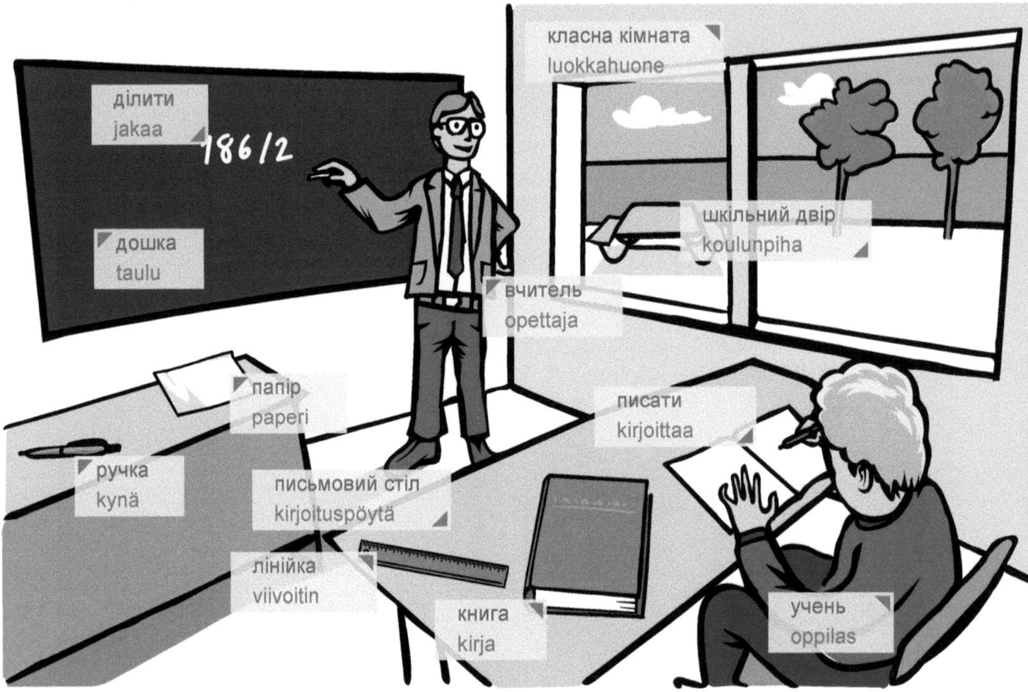

класна кімната
luokkahuone
ділити
jakaa
186/2
дошка
taulu
шкільний двір
koulunpiha
вчитель
opettaja
папір
paperi
писати
kirjoittaa
ручка
kynä
письмовий стіл
kirjoituspöytä
лінійка
viivoitin
книга
kirja
учень
oppilas

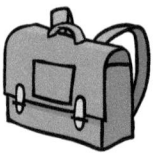

ранець

reppu

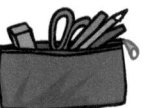

пенал

penaali

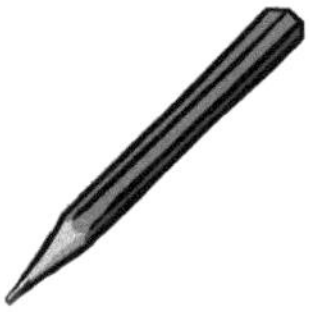

олівець

lyijykynä

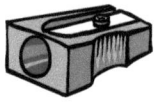

точило

kynänteroitin

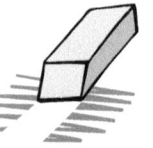

гумка

pyyhekumi

альбом для малювання

piirustuslehtiö

малюнок

piirustus

пензель

pensseli

коробка фарб

vesivärit

ножиці

sakset

клей

liima

зошит

harjoituskirja

домашнє завдання

kotitehtävä

число

luku

додавати

lisätä

віднімати

vähentää

множити

kertoa

рахувати

laskea

літера

kirjain

абетка

aakkoset

слово

sana

текст

teksti

читати

lukea

крейда

liitu

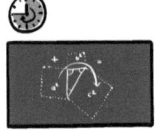

година

oppitunti

класний журнал

opettajan muistikirja

екзамен

koe

диплом

todistus

шкільна форма

koulupuku

освіта

koulutus

лексикон

sanakirja

університет

yliopisto

мікроскоп

mikroskooppi

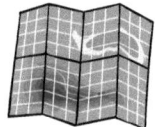

карта

kartta

кошик для паперу

roskakori

подорож
matka

готель
hotelli
Grand
турбаза
retkeilymaja
ROOMS
обмінний пункт
rahanvaihto
EXCHANGE
валіза
matkalaukku
автомобіль
auto

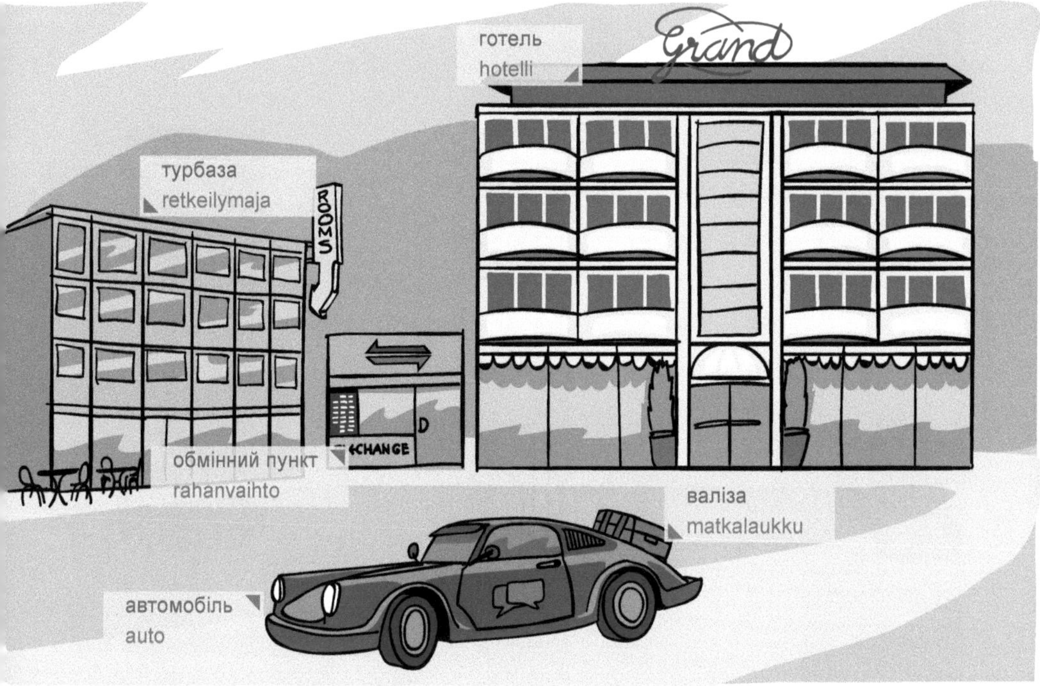

мова

kieli

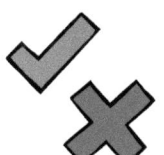

так / ні

kyllä / ei

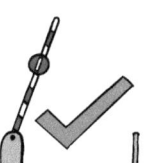

добре

selvä

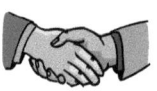

привіт

hei

перекладач

tulkki

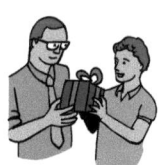

дякую

kiitos

Скільки коштує ...?

Paljonko...maksaa?

Я не розумію

en ymmärrä

проблема

ongelma

Добрий вечір!

Hyvää iltaa!

Доброго ранку!

Hyvää huomenta!

На добраніч!

Hyvää yötä!

До побачення

näkemiin

напрямок

suunta

багаж

matkatavarat

сумка

laukku

рюкзак

reppu

гість

vieras

кімната

huone

спальний мішок

makuupussi

намет

teltta

туристична інформація

turisti-info

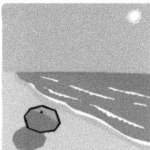

пляж

ranta

кредитна картка

luottokortti

сніданок

aamupala

обід

lounas

вечеря

päivällinen

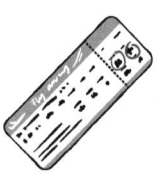

квиток

matkalippu

ліфт

hissi

поштова марка

postimerkki

межа

raja

митниця

tulli

посольство

suurlähetystö

віза

viisumi

паспорт

passi

транспорт
kuljetus

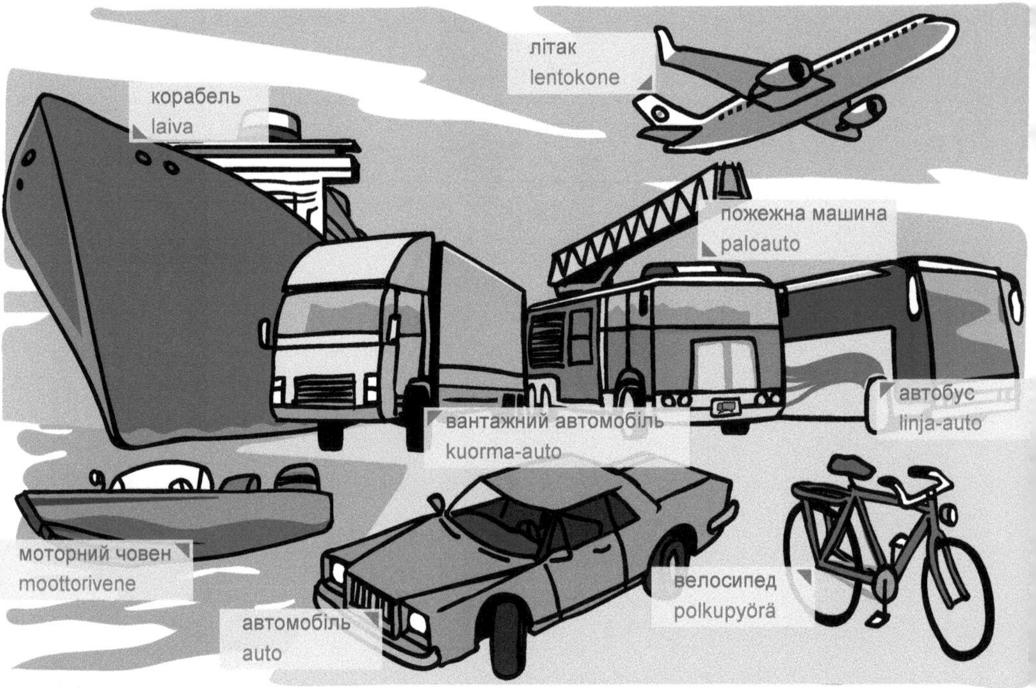
літак
lentokone
корабель
laiva
пожежна машина
paloauto
автобус
linja-auto
вантажний автомобіль
kuorma-auto
моторний човен
moottorivene
велосипед
polkupyörä
автомобіль
auto

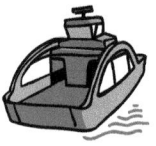

пором

lautta

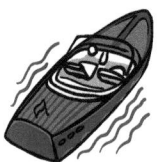

човен

vene

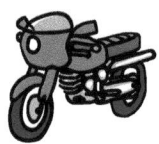

мотоцикл

moottoripyörä

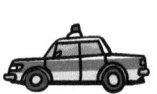

поліцейська машина

poliisiauto

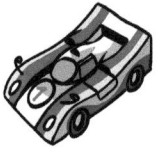

гоночний автомобіль

kilpa-auto

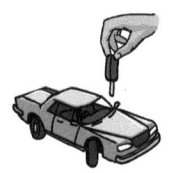

автомобіль на прокат

vuokra-auto

спільне користування авто

car sharing

евакуатор

hinausauto

сміттєвоз

roska-auto

двигун

moottori

паливо

polttoaine

автозаправна станція

huoltoasema

дорожній знак

liikennemerkki

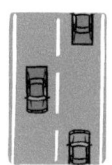

рух

liikenne

затор

ruuhka

стоянка

parkkipaikka

вокзал

rautatieasema

рейки

raiteet

потяг

juna

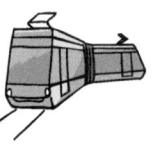

трамвай

raitiovaunu

вагон

vaunu

гелікоптер

helikopteri

аеропорт

lentokenttä

вежа

lähilennonjohto

пасажир

matkustaja

контейнер

kontti

коробка

pahvilaatikko

візок

kärryt

кошик

kori

стартувати / приземлятися

nousta / laskea

місто

kaupunki

село

kylä

центр міста

keskusta

дім

talo

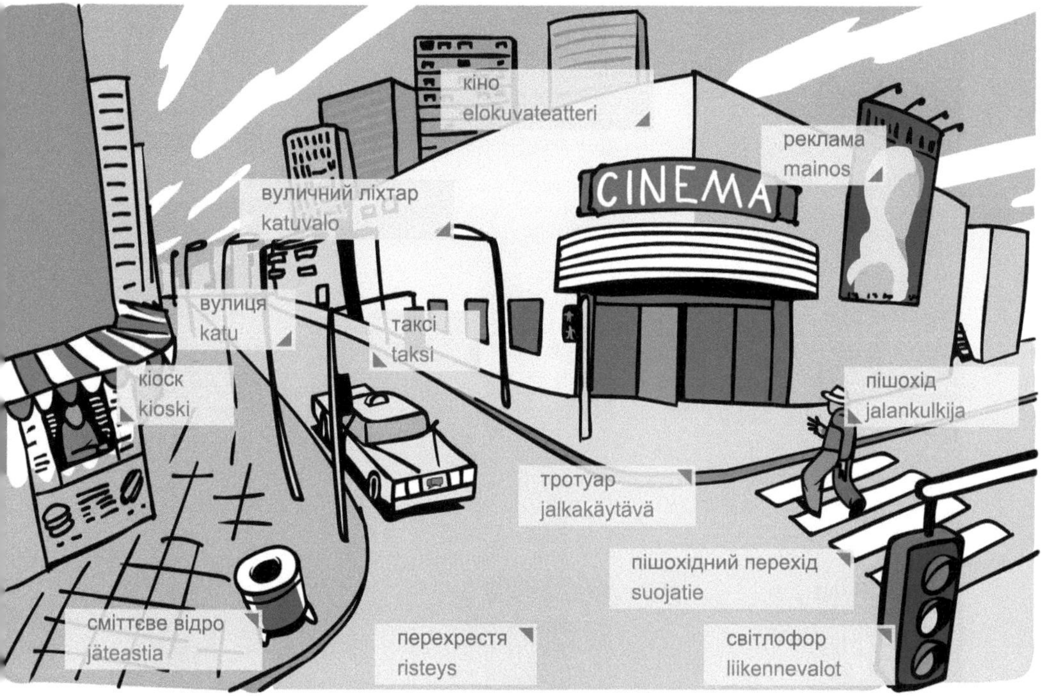

кіно
elokuvateatteri

реклама
mainos

вуличний ліхтар
katuvalo

CINEMA

вулиця
katu

таксі
taksi

кіоск
kioski

пішохід
jalankulkija

тротуар
jalkakäytävä

пішохідний перехід
suojatie

сміттєве відро
jäteastia

перехрестя
risteys

світлофор
liikennevalot

хатина

mökki

квартира

kerrostalo

вокзал

rautatieasema

ратуша

kaupungintalo

музей

museo

школа

koulu

університет

yliopisto

банк

pankki

лікарня

sairaala

готель

hotelli

аптека

apteekki

офіс

toimisto

книжковий магазин

kirjakauppa

магазин

liike

квітковий магазин

kukkakauppa

супермаркет

supermarketti

ринок

tori

універмаг

tavaratalo

торговець рибою

kalakauppias

торговельний центр

ostoskeskus

гавань

satama

12   місто - kaupunki

парк

puisto

лава

penkki

міст

silta

сходи

portaat

метро

metro

тунель

tunneli

автобусна зупинка

linja-autopysäkki

бар

baari

ресторан

ravintola

поштова скринька

postilaatikko

вулична табличка

katukyltti

лічильник паркування

parkkimittari

зоопарк

eläintarha

басейн

uimala

мечеть

moskeija

ферма

maatila

забруднення
навколишнього
середовища
ympäristön saastuminen

кладовище

hautausmaa

церква

kirkko

дитячий майданчик

leikkikenttä

храм

temppeli

ландшафт
maisema

листок
lehti

вказівний стовп
tienviitta

шлях
tie

луг
niitty

камінь
kivi

дерево
puu

мандрівник
retkeilijä

річка
joki

трава
ruoho

квітка
kukka

долина

laakso

гора

vuori

озеро

järvi

ліс

metsä

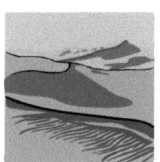

пустеля

aavikko

вулкан

tulivuori

замок

linna

веселка

sateenkaari

гриб

sieni

пальма

palmu

комар

hyttynen

муха

kärpänen

мурашка

muurahainen

бджола

mehiläinen

павук

hämähäkki

жук

kovakuoriainen

жаба

sammakko

вивірка

orava

їжак

siili

заєць

jänis

сова

pöllö

птах

lintu

лебідь

joutsen

кабан

villisika

олень

peura

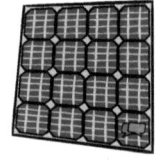

лось

hirvi

гребля

pato

вітряк

tuulimylly

сонячний модуль

aurinkopaneeli

клімат

ilmasto

офіціант
tarjoilija

меню
ruokalista

стілець
tuoli

суп
keitto

піца
pitsa

столові прилади
ruokailuvälineet

скатертина
pöytäliina

закуска
alkuruoka

друга страва
pääruoka

десерт
jälkiruoka

напої
juomat

їжа
ruoka

пляшка
pullo

фаст-фуд

pikaruoka

вулична їжа

katuruoka

чайник

teekannu

цукорниця

sokeriastia

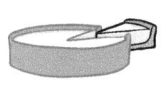

порція

annos

еспресо-машина

espressokeitin

високий стільчик

syöttötuoli

рахунок

lasku

піднос

tarjotin

ніж

veitsi

вилка

haarukka

ложка

lusikka

чайна ложка

teelusikka

серветка

servietti

склянка

lasi

ресторан - ravintola

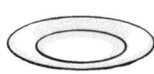

тарілка

lautanen

тарілка для супу

syvä lautanen

блюдце

aluslautanen

соус

kastike

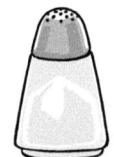

солонка

suolasirotin

млин для перцю

pippurimylly

оцет

etikka

масло

öljy

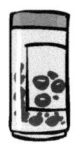

спеції

mausteet

кетчуп

ketsuppi

гірчиця

sinappi

майонез

majoneesi

супермаркет
supermarketti

пропозиція
tarjous
FOR
клієнт
asiakas
молочні продукти
maitotuotteet
фрукти
hedelmät
візок для покупок
ostoskärryt

BUTCHERS

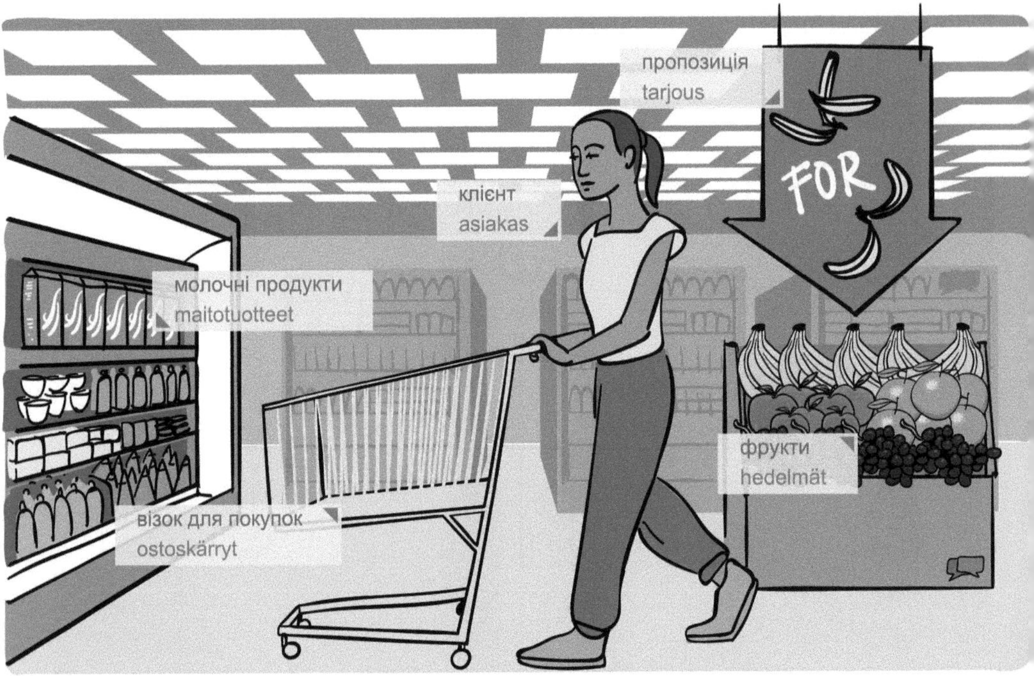

м'ясний магазин

teurastamo

BAKERY

пекарня

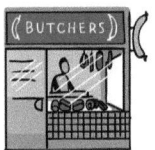

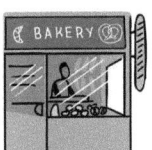

leipomo

зважувати

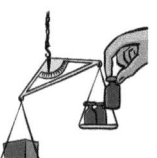

punnita

овочі

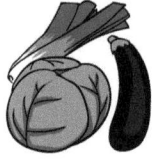

kasvikset

м'ясо

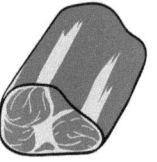

liha

заморожені продукти

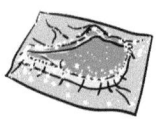

pakasteet

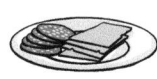

ковбасна нарізка

leikkele

консерви

säilykkeet

пральний порошок

pesujauhe

солодощі

makeiset

предмети домашнього побуту

kotitaloustarvikkeet

мийний засіб

puhdistusaineet

продавщиця

myyjä

каса

kassa

касир

kassanhoitaja

список покупок

ostoslista

часи роботи

aukioloajat

гаманець

lompakko

кредитна картка

luottokortti

сумка

kassi

поліетиленовий пакет

muovipussi

вода

vesi

сік

mehu

молоко

maito

кола

kokis

вино

viini

пиво

olut

алкоголь

alkoholi

какао

kaakao

чай

tee

кава

kahvi

еспресо

espresso

капучіно

cappuccino

банан

banaani

яблуко

omena

апельсин

appelsiini

кавун

meloni

лимон

sitruuna

морква

porkkana

часник

valkosipuli

бамбук

bambu

цибуля

sipuli

гриб

sieni

горішки

pähkinät

локшина

spagetti

спагеті

spagetti

рис

riisi

салат

salaatti

картопля фрі

ranskalaiset

смажена картопля

paistetut perunat

піца

pitsa

гамбургер

hampurilainen

бутерброд

voileipä

шніцель

leike

шинка

kinkku

салямі

salami

ковбаса

makkara

курка

kana

печеня

paisti

риба

kala

вівсяні пластівці

kaurahiutaleet

мюслі

mysli

кукурудзяні пластівці

murot

борошно

jauho

круасан

voisarvi

булочка

sämpylä

хліб

leipä

тостовий хліб

paahtoleipä

печиво

keksit

масло

voi

сир

rahka

пиріг

kakku

яйце

kananmuna

яєчня

paistettu kananmuna

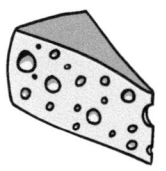

сир

juusto

морозиво

jäätelö

цукор

sokeri

мед

hunaja

мармелад

hillo

нуга-крем

suklaapähkinälevite

карі

curry

ферма
maatila

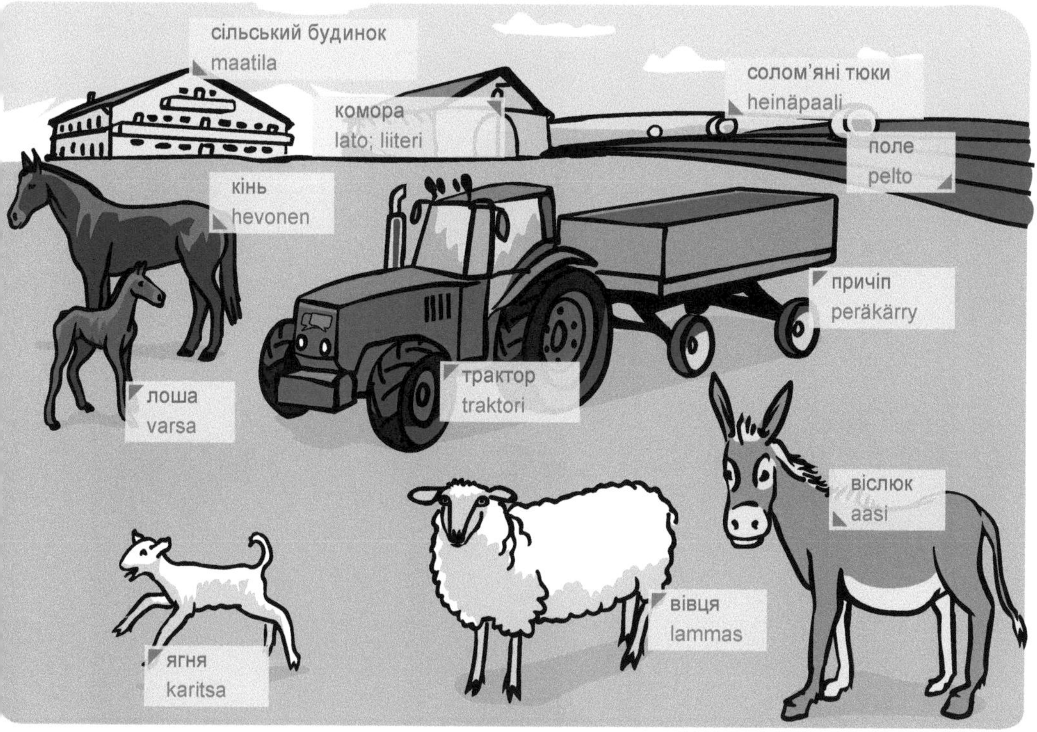

сільський будинок
maatila
комора
lato; liiteri
солом’яні тюки
heinäpaali
поле
pelto
кінь
hevonen
причіп
peräkärry
лоша
varsa
трактор
traktori
віслюк
aasi
вівця
lammas
ягня
karitsa

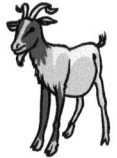

коза
vuohi

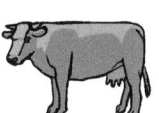

корова
lehmä

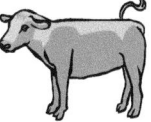

теля
vasikka

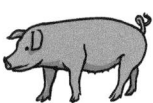

свиня
sika

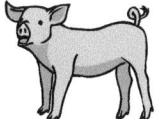

порося
porsas

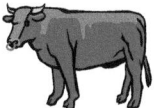

бик
sonni

гусак

hanhi

качка

ankka

курча

tipu

курка

kana

півень

kukko

щур

rotta

кіт

kissa

миша

hiiri

віл

härkä

собака

koira

собача будка

koirankoppi

садовий шланг

puutarhaletku

лійка

kastelukannu

коса

viikate

плуг

aura

ферма - maatila

серп

sirppi

мотика

kuokka

вила

talikko

сокира

kirves

тачка

kottikärryt

корито

kaukalo

бідон молока

maitokannu

мішок

säkki

паркан

aita

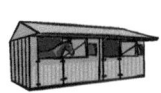

хлів

talli

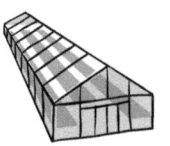

теплиця

kasvihuone

ґрунт

maa

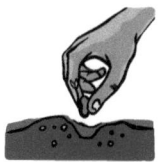

насіння

siemen

добриво

lannoite

комбайн

leikkuupuimuri

пожинати

kerätä sato

урожай

sato

корінь ямсу

jamssit

пшениця

vehnä

соя

soija

картопля

peruna

кукурудза

maissi

ріпак

rypsi

плодове дерево

hedelmäpuu

маніок

maniokki

злаки

vilja

дім

talo

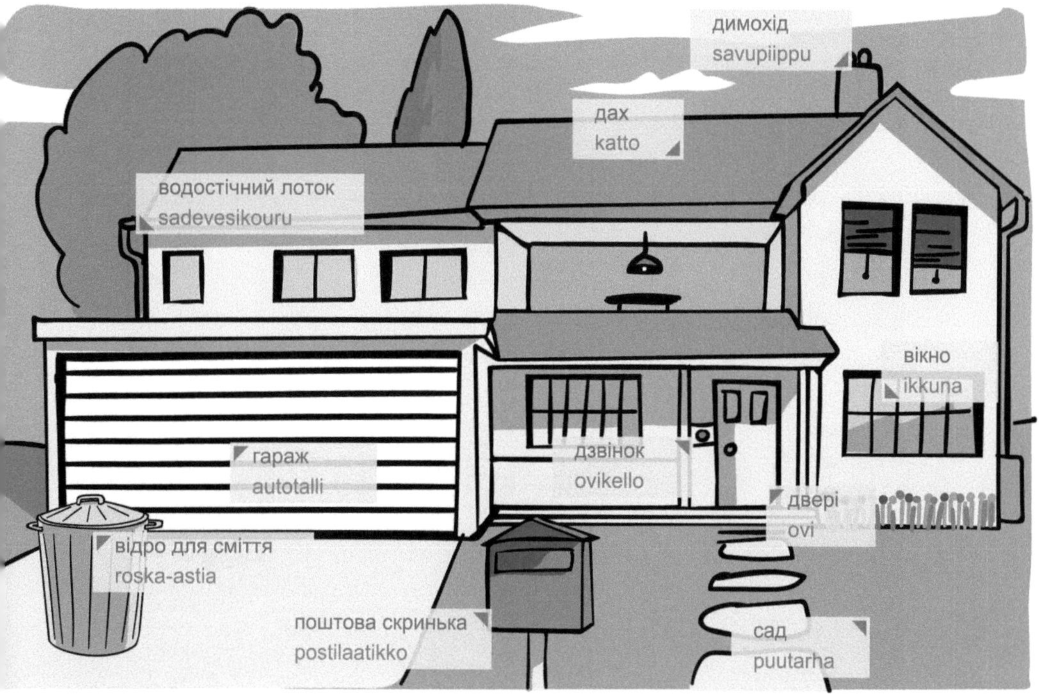

димохід
savupiippu
дах
katto
водостічний лоток
sadevesikouru
вікно
ikkuna
гараж
autotalli
дзвінок
ovikello
двері
ovi
відро для сміття
roska-astia
поштова скринька
postilaatikko
сад
puutarha

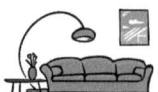

вітальня

olohuone

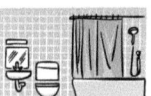

ванна кімната

kylpyhuone

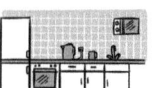

кухня

keittiö

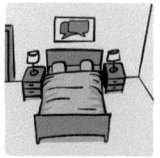

спальня

makuuhuone

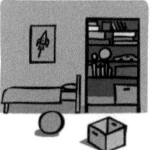

дитяча кімната

lastenhuone

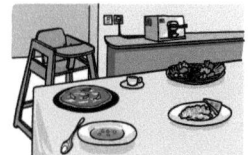

їдальня

ruokahuone

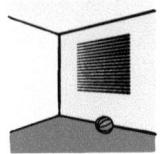

підлога

lattia

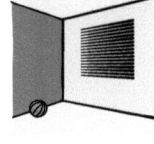

стіна

seinä

стеля

katto

підвал

kellari

сауна

sauna

балкон

parveke

тераса

terassi

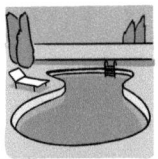

басейн

uima-allas

косарка

ruohonleikkuri

простирало

lakana

ковдра

päiväpeitto

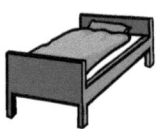

ліжко

sänky

мітла

harja

відро

ämpäri

перемикач

katkaisin

вітальня
olohuone

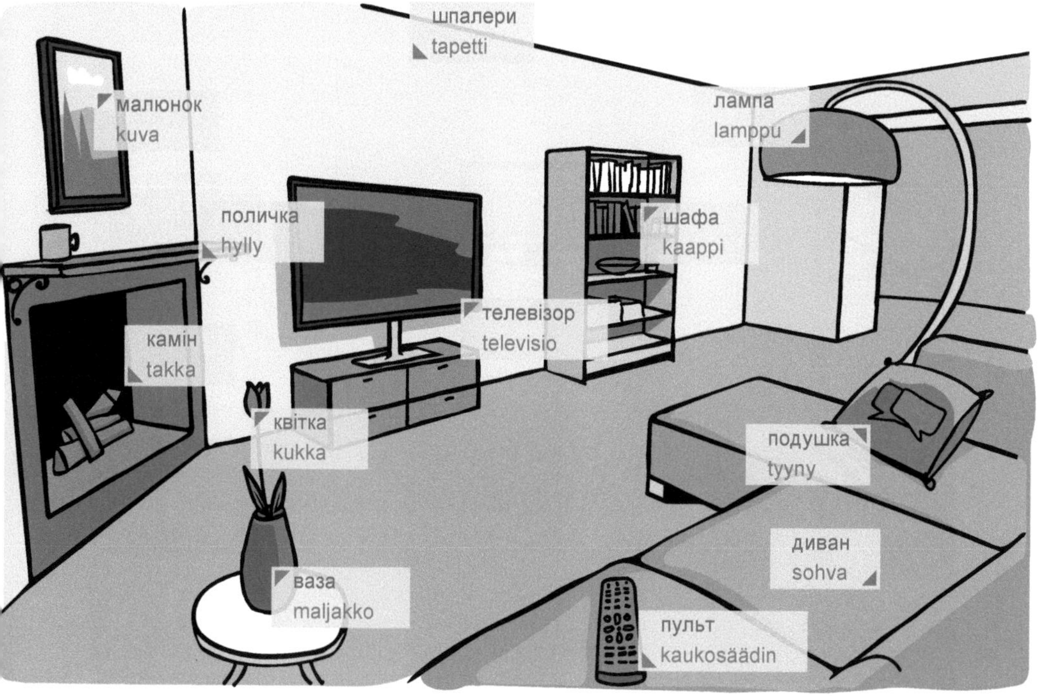
шпалери
tapetti
малюнок
kuva
лампа
lamppu
поличка
hylly
шафа
kaappi
телевізор
televisio
камін
takka
квітка
kukka
подушка
tyyny
диван
sohva
ваза
maljakko
пульт
kaukosäädin

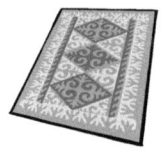

килим

matto

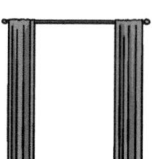

завіса

verho

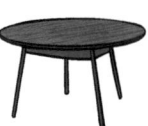

стіл

pöytä

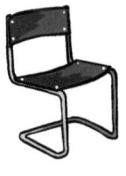

стілець

tuoli

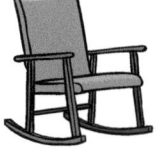

крісло-гойдалка

keinutuoli

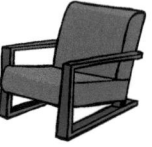

крісло

nojatuoli

книга

kirja

ковдра

peitto

прикраса

koriste

дрова

polttopuut

фільм

elokuva

стереосистема

stereot

ключ

avain

газета

sanomalehti

картина

maalaus

плакат

juliste

радіо

radio

блокнот

muistivihko

пилосос

pölynimuri

кактус

kaktus

свічка

kynttilä

кухня
keittiö

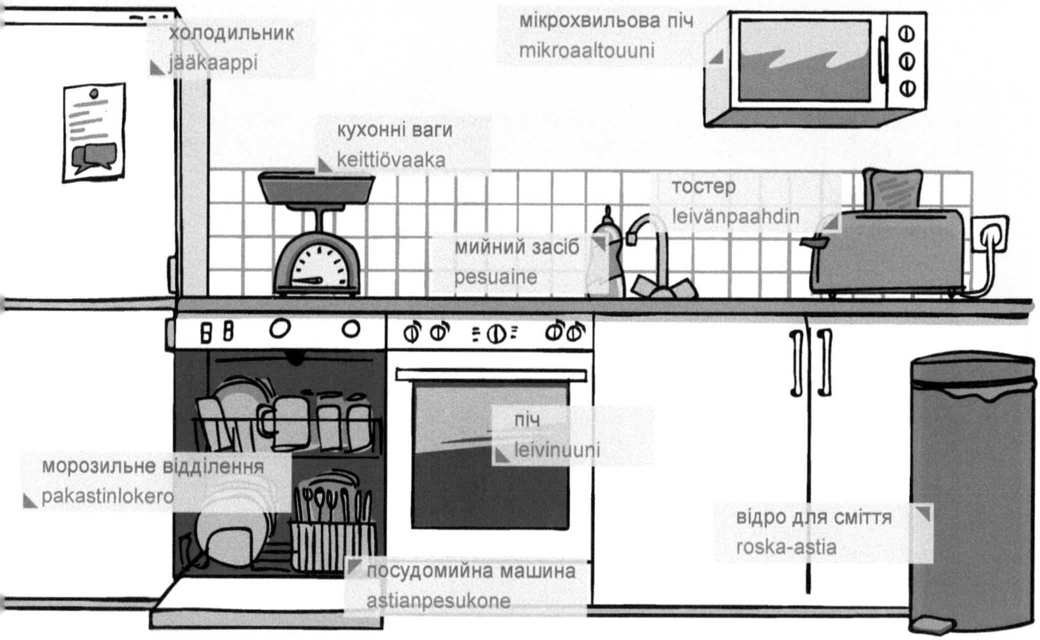

холодильник
jääkaappi
мікрохвильова піч
mikroaaltouuni
кухонні ваги
keittiövaaka
тостер
leivänpaahdin
мийний засіб
pesuaine
піч
leivinuuni
морозильне відділення
pakastinlokero
відро для сміття
roska-astia
посудомийна машина
astianpesukone

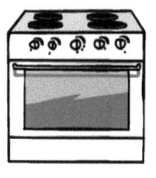

плита
liesi

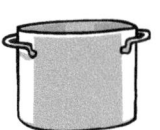

горщик
kattila

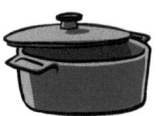

чавунний горщик
rautapata

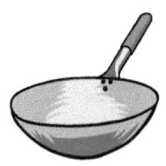

вок / кадай
vokkipannu / kadai-pannu

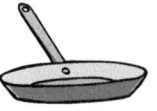

сковорода
paistinpannu

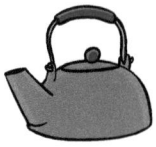

чайник
teepannu

пароварка

höyrykeitin

лист

uunipelti

посуд

astiat

кухоль

muki

чаша

kulho

палички для їжі

syömäpuikot

черпак

kauha

лопатка

paistinlasta

вінчик для збивання

vispilä

сито

siivilä

сито

siivilä

терка

raastin

ступка

mortteli

барбекю

grilli

багаття

avotuli

дошка

leikkuulauta

качалка

kaulin

штопор

korkinavaaja

конзерва

purkki

відкривачка

purkinavaaja

прихватки

pannulappu

раковина

lavuaari

щітка

tiskiharja

губка

pesusieni

міксер

tehosekoitin

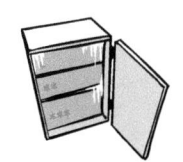

морозильна камера

pakastin

дитяча пляшка

tuttipullo

кран

vesihana

ванна кімната
kylpyhuone

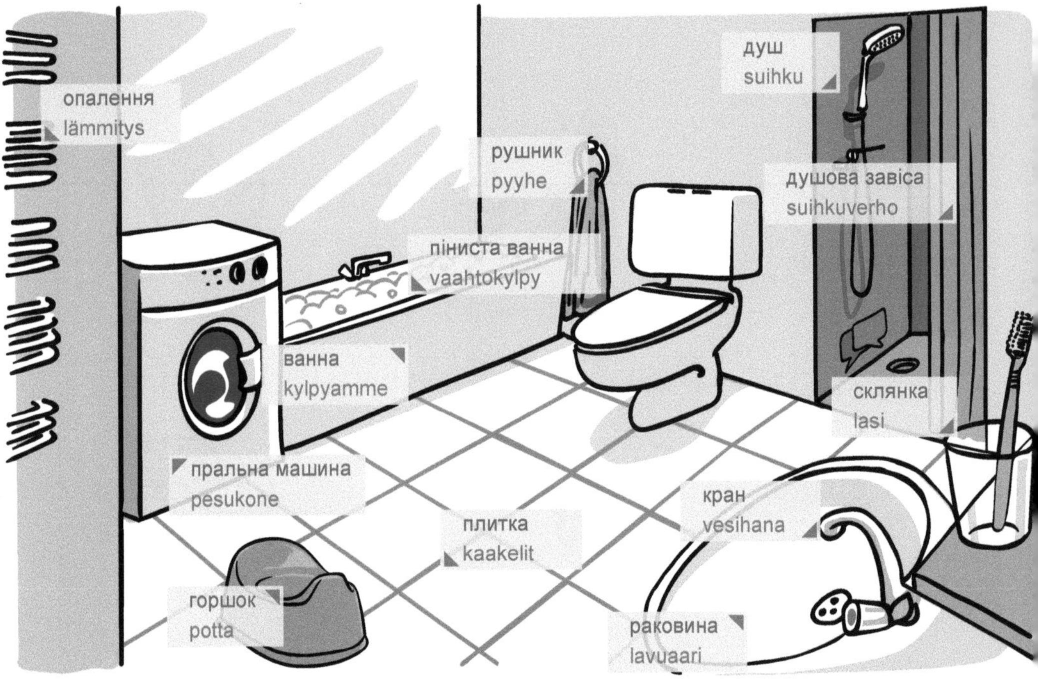
опалення
lämmitys
рушник
pyyhe
душ
suihku
душова завіса
suihkuverho
пiниста ванна
vaahtokylpy
ванна
kylpyamme
склянка
lasi
пральна машина
pesukone
кран
vesihana
плитка
kaakelit
горшок
potta
раковина
lavuaari

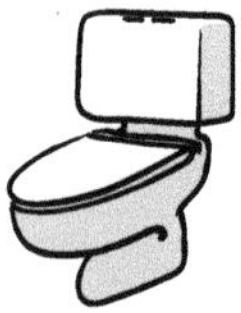

туалет

vessa

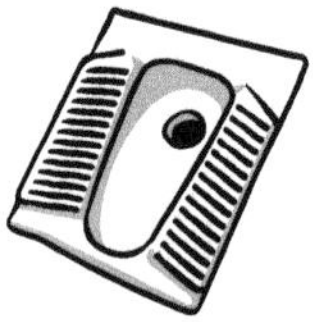

підлоговий туалет

kyykkyvessa

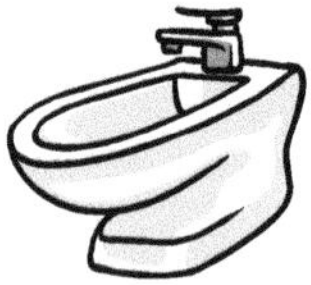

біде

bidee

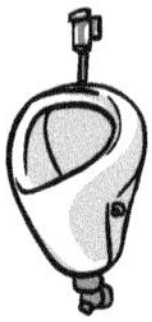

пісуар

pisuaari

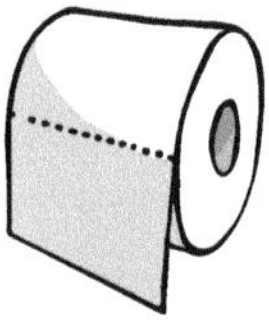

туалетний папір

vessapaperi

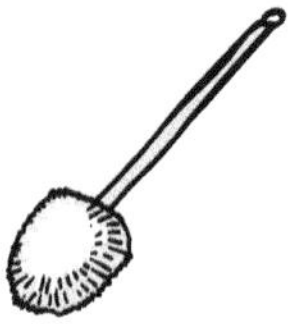

щітка для туалету

vessaharja

зубна щітка

hammasharja

зубна паста

hammastahna

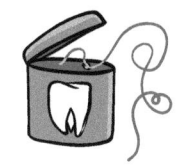

нитка для чищення зубів

hammaslanka

мити

pestä

ручний душ

käsisuihku

інтимний душ

intiimisuihku

таз

pesuvati

щітка для спини

selkäharja

мило

saippua

гель для душу

suihkugeeli

шампунь

shampoo

мочалка

pesulappu

водостік

viemäri

крем

voide

дезодорант

deodorantti

дзеркало

peili

косметичне дзеркало

käsipeili

бритва

partaveitsi

піна для гоління

partavaahto

лосьйон після гоління

partavesi

гребінь

kampa

щітка

harja

фен

hiustenkuivaaja

лак для волосся

hiuslakka

косметика

meikki

губна помада

huulipuna

лак для нігтів

kynsilakka

вата

pumpuli

ножиці для нігтів

kynsisakset

парфум

hajuvesi

косметичка

kosmetiikkalaukku

табурет

jakkara

ваги

vaaka

халат

kylpytakki

гумові рукавички

kumihansikkaat

тампон

tamponi

гігієнічні прокладки

terveysside

біотуалет

kemiallinen wc

дитяча кімната

lastenhuone

будильник
herätyskello
м'яка іграшка
pehmolelu
іграшковий автомобіль
leikkiauto
брязкальце
helistin
ляльковий будиночок
nukkekoti
подарунок
lahja

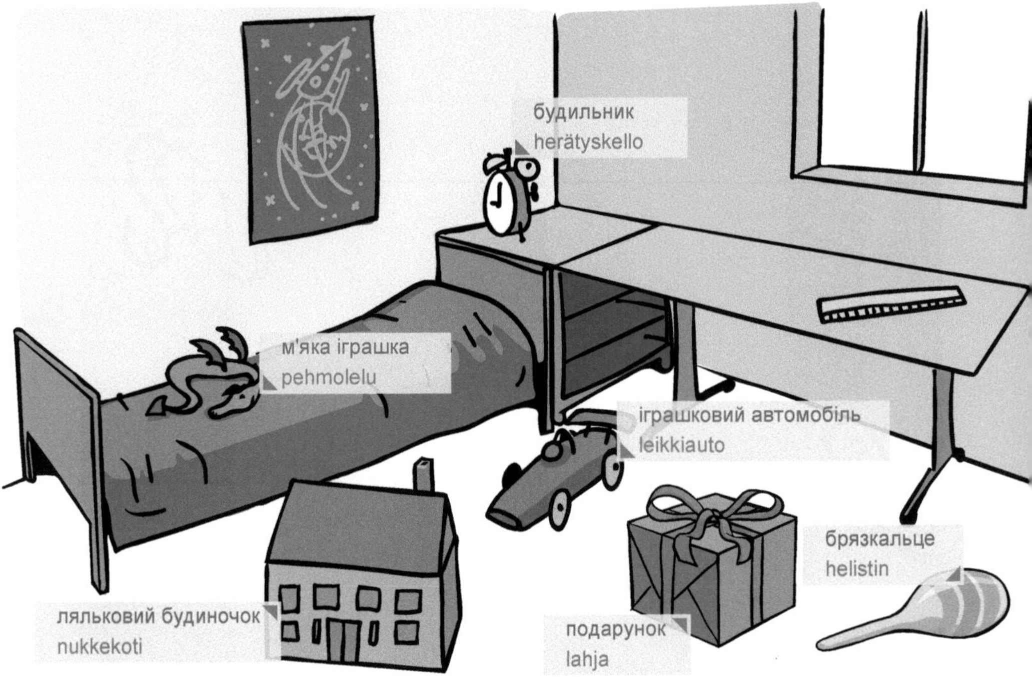

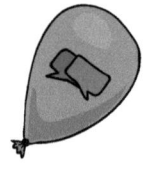

повітряна кулька

ilmapallo

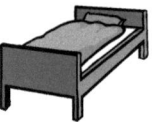

ліжко

sänky

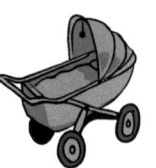

дитячий візок

lastenvaunut

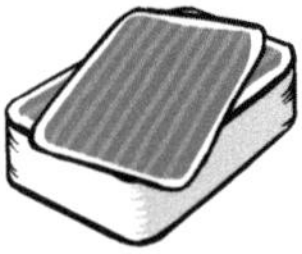

картярська гра

korttipeli

пазл

palapeli

SUPER
MEGA

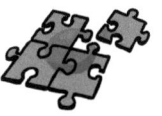

комікс

sarjakuva

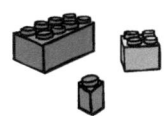

лего цеглинки

legopalikat

блоки

rakennuspalikat

іграшкова фігурка

supersankari

повзунки

potkupuku

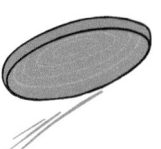

фризбі

frisbee

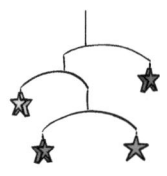

мобіле

mobile

настільна гра

lautapeli

кубик

noppa

модель залізнична станція

pienoisjunarata

соска

tutti

вечірка

juhlat

книжка з картинками

kuvakirja

м'яч

pallo

лялька

nukke

грати

leikkiä

дитяча кімната - lastenhuone

пісочниця

hiekkalaatikko

гойдалка

keinu

іграшка

lelut

гральна консоль

pelikonsoli

триколісний велосипед

kolmipyörä

плюшевий мішка

nalle

шафа

vaatekaappi

одяг

vaatteet

шкарпетки

sukat

панчохи

nylonsukat

колготки

sukkahousut

шарф
kaulaliina

парасоля
sateenvarjo

футболка
t-paita

ремінь
vyö

чоботи
saappaat

домашнє взуття
sisätossut

кросівки
lenkkarit

сандалі
sandaalit

взуття
kengät

гумові чоботи
kumisaappaat

труси
alushousut

бюстгальтер
rintaliivit

нижня сорочка
aluspaita

одяг - vaatteet

боді

body

штани

housut

джинси

farkut

спідниця

hame

блузка

pusero

сорочка

paita

пуловер

villapaita

светр

collegepaita

піджак

jakku

куртка

takki

пальто

takki

дощовик

sadetakki

костюм

puku

сукня

mekko

весільна сукня

hääpuku

костюм

puku

нічна сорочка

yöpaita

піжама

pyjama

сарі

shari

головна хустка

päähuivi

чалма

turbaani

бурка

burka

кафтан

kaftaani

абая

abaya

купальник

uimapuku

плавки

uimahousut

шорти

shortsit

тренувальний костюм

verkkarit

фартух

esiliina

рукавички

käsineet

гудзик

nappi

окуляри

silmälasit

браслет

rannekoru

ланцюг

kaulakoru

кільце

sormus

сережка

korvakoru

шапка

lippalakki

плічка

ripustin

капелюх

hattu

краватка

solmio

застібка-блискавка

vetoketju

шолом

kypärä

підтяжки

henkselit

шкільна форма

koulupuku

уніформа

univormu

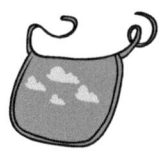

нагрудник

ruokalappu

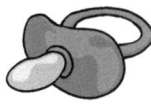

соска

tutti

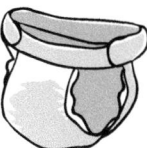

підгузок

vaippa

офіс

toimisto

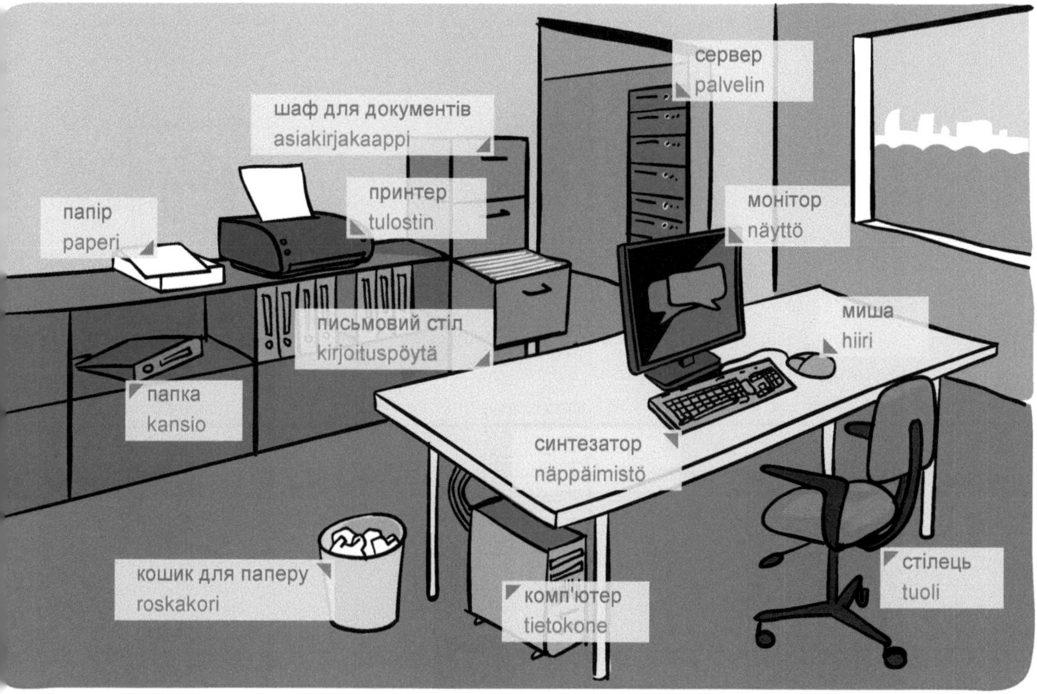
сервер
palvelin
шаф для документів
asiakirjakaappi
принтер
tulostin
папір
paperi
монітор
näyttö
миша
hiiri
письмовий стіл
kirjoituspöytä
папка
kansio
синтезатор
näppäimistö
кошик для паперу
roskakori
комп'ютер
tietokone
стілець
tuoli

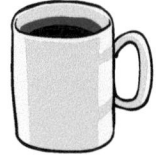

кавовий кухоль

kahvimuki

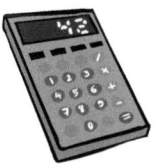

калькулятор

taskulaskin

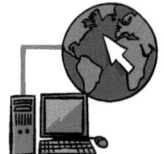

інтернет

internet

ноутбук

kannettava tietokone

лист

kirje

повідомлення

viesti

мобільний телефон

kännykkä

мережа

verkko

копіювальний пристрій

kopiokone

програмне забезпечення

ohjelmisto

телефон

puhelin

розетка

pistorasia

факс

faksi

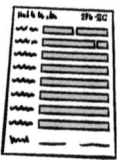

бланк

lomake

документ

asiakirja

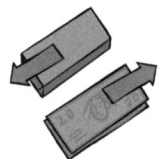

купувати

ostaa

платити

maksaa

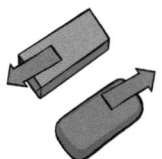

торгувати

vaihtaa

гроші

raha

USD

долар

dollari

EUR

євро

euro

JPY

ієна

jeni

RUB

рубль

rupla

CHF

франк

frangi

CNY

юанів женьміньбі

renminbi juan

INR

рупія

rupia

банкомат

pankkiautomaatti

обмінний пункт

rahanvaihto

золото

kulta

срібло

hopea

нафта

öljy

енергія

energia

ціна

hinta

контракт

sopimus

податок

vero

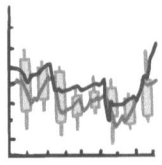

акція

osake

працювати

työskennellä

працівник

työntekijä

роботодавець

työnantaja

фабрика

tehdas

магазин

liike

професії

ammatit

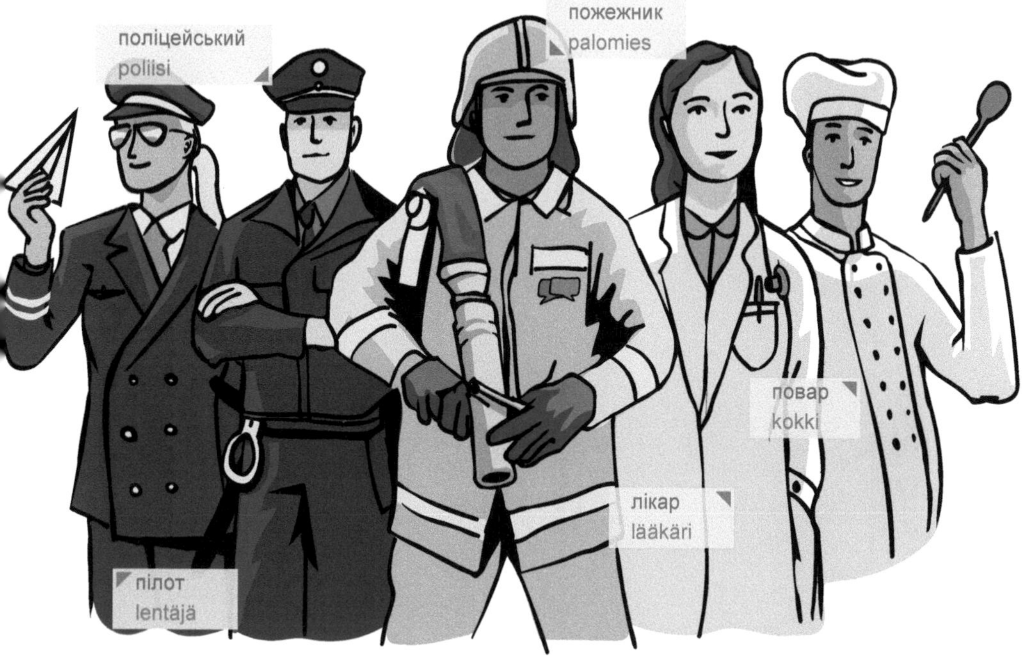
поліцейський
poliisi
пожежник
palomies
повар
kokki
лікар
lääkäri
пілот
lentäjä

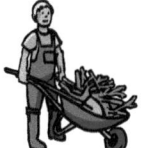

садівник

puutarhuri

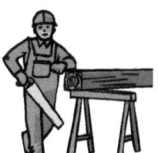

столяр

puuseppä

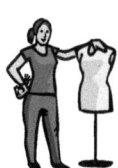

швачка

ompelija

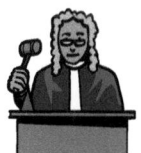

суддя

tuomari

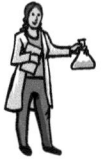

хімік

kemisti

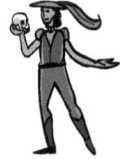

актор

näyttelijä

водій автобуса

linja-autonkuljettaja

таксист

taksinkuljettaja

рибалка

kalastaja

прибиральниця

siivooja

покрівельник

katontekijä

офіціант

tarjoilija

мисливець

metsästäjä

художник

maalari

пекар

leipuri

електрик

sähköasentaja

будівельник

rakentaja

інженер

insinööri

забійник

teurastaja

бляхар

putkiasentaja

листоноша

postinjakaja

солдат

sotilas

архітектор

arkkitehti

касир

kassanhoitaja

флорист

floristi

перукар

kampaaja

кондуктор

konduktööri

механік

mekaanikko

капітан

kapteeni

дантист

hammaslääkäri

вчений

tiedemies

рабин

rabbi

імам

imaami

монах

munkki

пастор

pappi

інструменти
työkalut

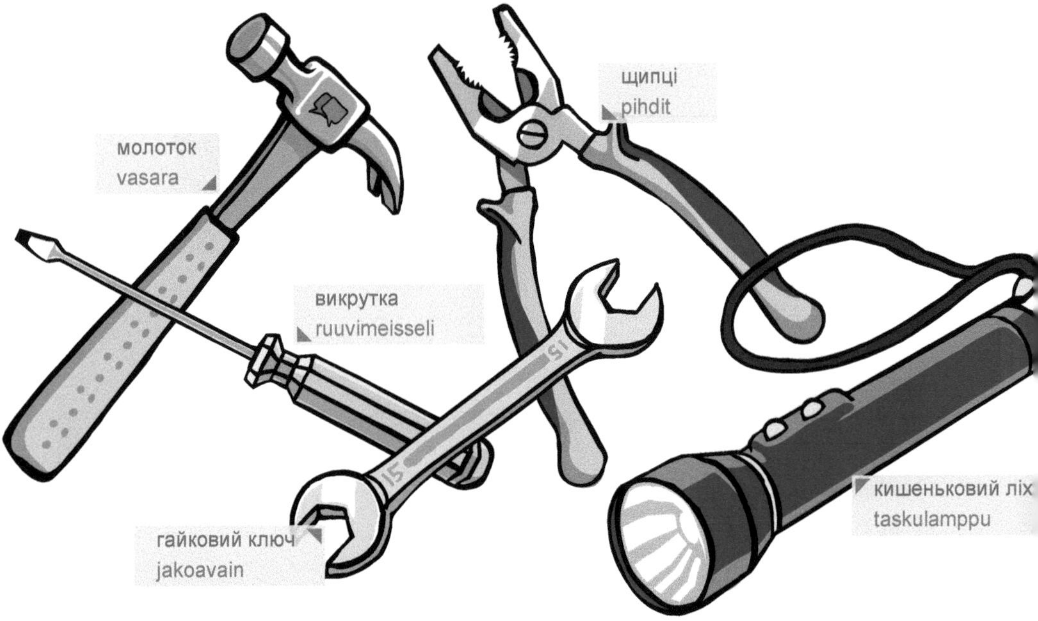
щипці
pihdit
молоток
vasara
викрутка
ruuvimeisseli
кишеньковий ліх
taskulamppu
гайковий ключ
jakoavain

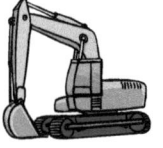

екскаватор

kaivinkone

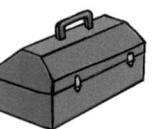

ящик для інструментів

työkalupakki

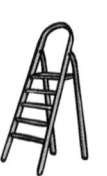

драбина

tikkaat

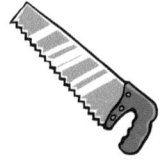

пилка

saha

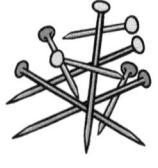

цвяхи

naulat

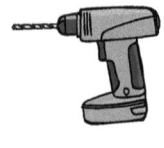

свердло

pora

ремонтувати

korjata

лопата

lapio

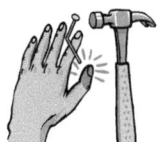

лайно!

Hitto!

совок

rikkalapio

відро з фарбою

maalipurkki

гвинти

ruuvit

музичні інструменти
soittimet

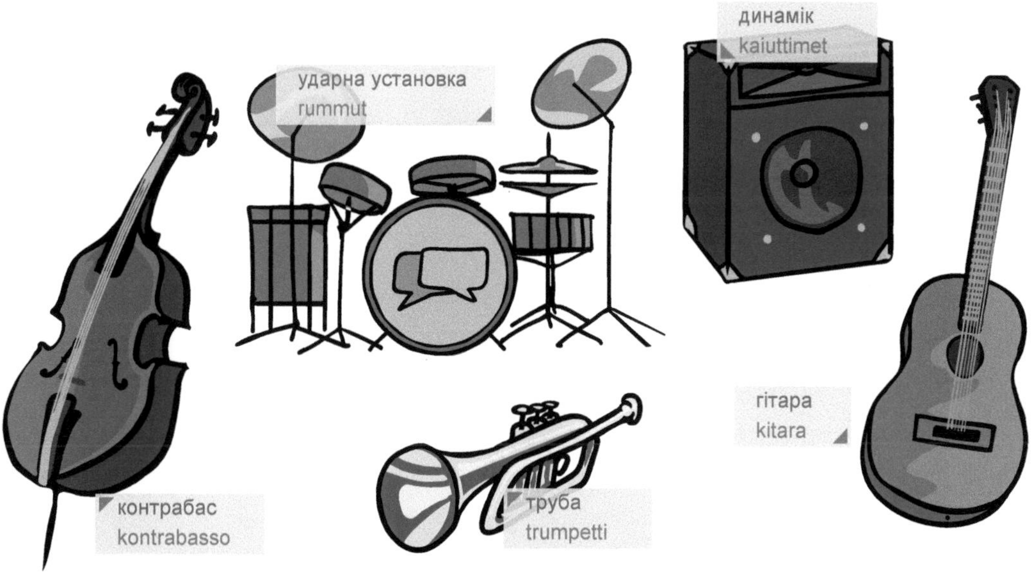

ударна установка
rummut

динамік
kaiuttimet

гітара
kitara

контрабас
kontrabasso

труба
trumpetti

фортепіано

piano

скрипка

viulu

бас

basso

литаври

patarummut

барабан

rumpu

клавіатура

kosketinsoitin

саксофон

saksofoni

флейта

huilu

мікрофон

mikrofoni

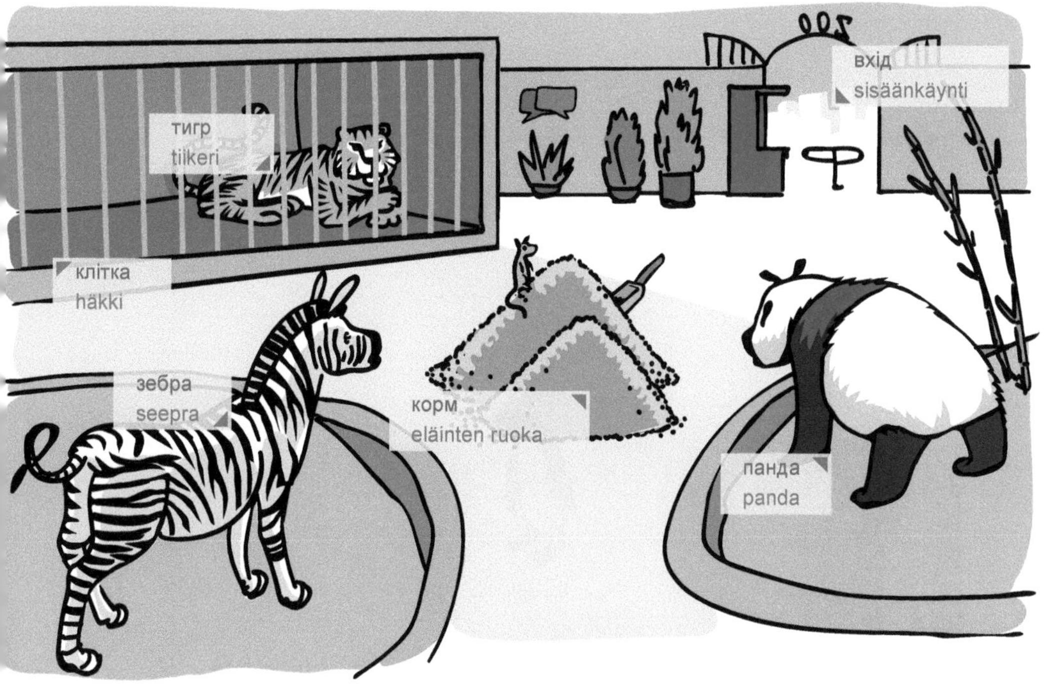

тигр
tiikeri

вхід
sisäänkäynti

клітка
häkki

зебра
seepra

корм
eläinten ruoka

панда
panda

тварини

eläimet

слон

norsu

кенгуру

kenguru

носоріг

sarvikuono

горила

gorilla

ведмідь

karhu

верблюд

kameli

страус

strutsi

лев

leijona

мавпа

apina

фламінго

flamingo

папуга

papukaija

білий ведмідь

jääkarhu

пінгвін

pingviini

акула

hai

павич

riikinkukko

змія

käärme

крокодил

krokotiili

працівник зоопарку

eläintarhanhoitaja

тюлень

hylje

ягуар

jaguaari

поні

poni

леопард

leopardi

гіпопотам

virtahepo

жираф

kirahvi

орел

kotka

кабан

villisika

риба

kala

черепаха

kilpikonna

морж

mursu

лисиця

kettu

газель

gaselli

американський футбол
amerikkalainen jalkapallo

їзда на велосипеді
pyöräily

теніс
tennis

баскетбол
koripallo

плавання
uinti

бокс
nyrkkeily

хокей
jääkiekko

футбол

jalkapallo

бадмінтон

sulkapallo

легка атлетика

yleisurheilu

гандбол

käsipallo

лижні перегони

hiihto

поло

poolo

стрибати
hypätä

обіймати
halata

сміятися
nauraa

йти
kävellä

співати
laulaa

молитися
rukoilla

цілувати
suudella

мріяти
unelmoida

писати
kirjoittaa

малювати
piirtää

показувати
näyttää

тиснути
painaa

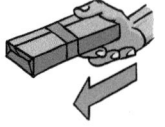

давати
antaa

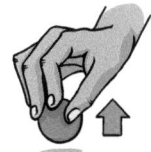

брати
ottaa

мати

omistaa

робити

tehdä

бути

olla

стояти

seisoa

бігати

juosta

тягнути

vetää

кидати

heittää

падати

kaatua

лежати

maata

очікувати

odottaa

носити

kantaa

сидіти

istua

одягати

pukeutua

спати

nukkua

просипатися

herätä

дії - aktiviteetit

дивитися

katsoa

плакати

itkeä

гладити

silittää

розчісувати

kammata

розмовляти

puhua

розуміти

ymmärtää

питати

kysyä

слухати

kuunnella

пити

juoda

їсти

syödä

прибирати

siivota

любити

rakastaa

варити

keittää

їхати

ajaa

літати

lentää

йти під вітрилом

purjehtia

рахувати

laskea

читати

lukea

вчитися

oppia

працювати

työskennellä

одружуватися

mennä naimisiin

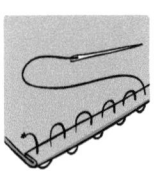

шити

ommella

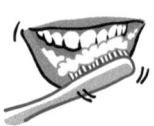

чистити зуби

pestä hampaat

убивати

tappaa

курити

tupakoida

посилати

lähettää

сім'я
perhe

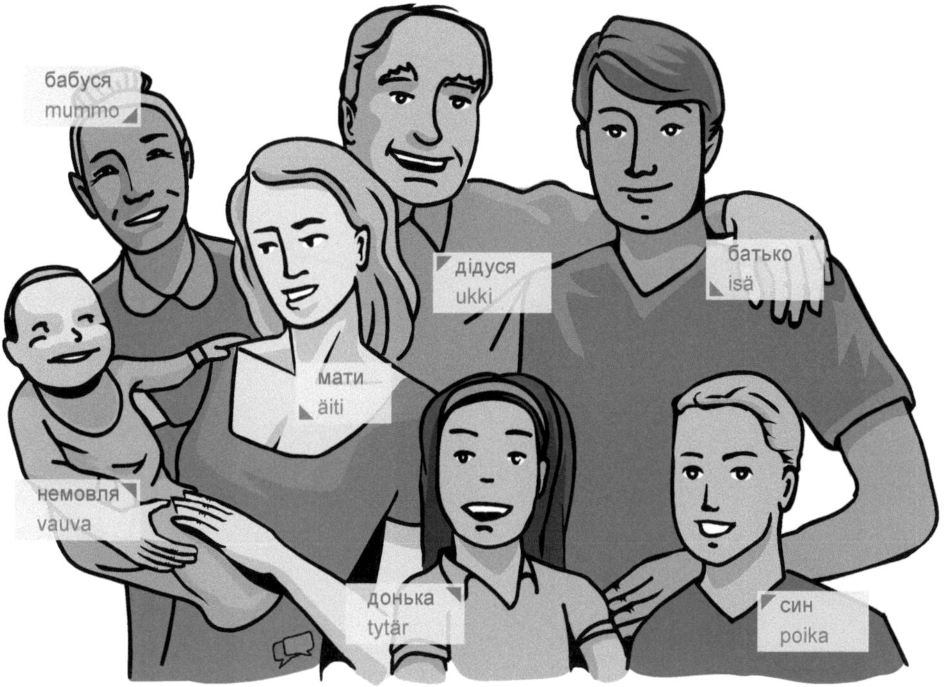
бабуся
mummo
дідуся
ukki
батько
isä
мати
äiti
немовля
vauva
донька
tytär
син
poika

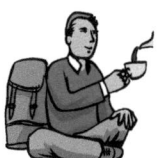

гість
vieras

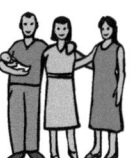

тітка
täti

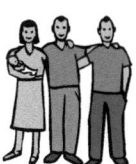

дядько
setä

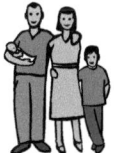

брат
veli

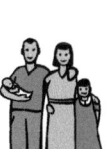

сестра
sisko

тіло

vartalo

чоло
otsa
око
silmä
плече
olkapää
палець
sormet
обличчя
kasvot
підборіддя
leuka
кисть
käsi
нога
jalka
груди
rinta
рука
käsivarsi

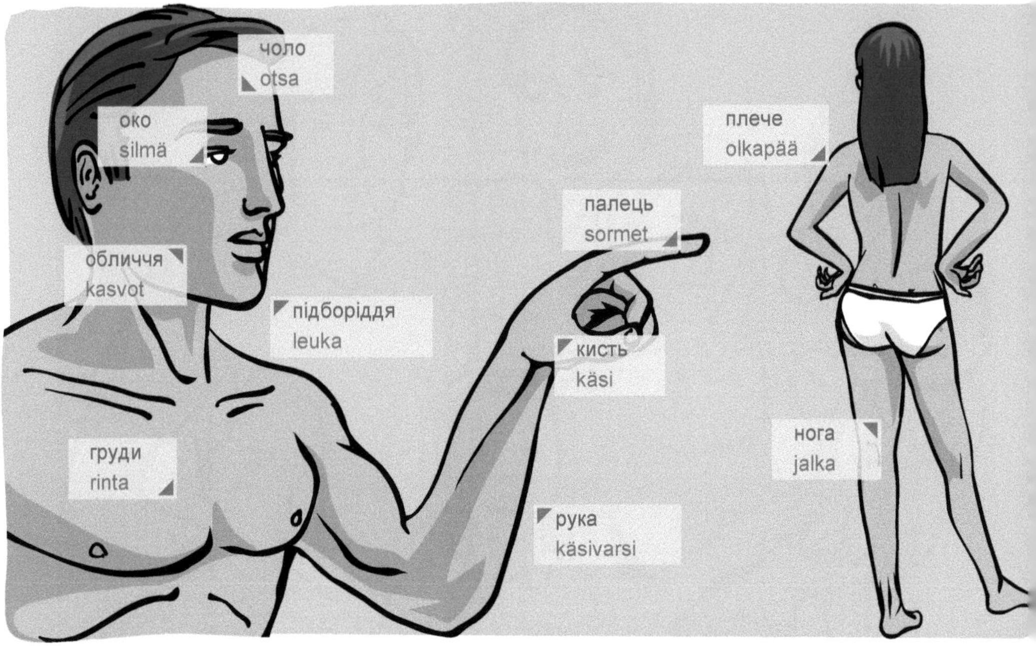

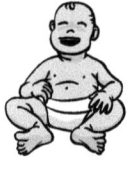

немовля vauva	чоловік mies	жінка nainen
дівчина tyttö	хлопчик poika	голова pää

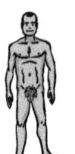

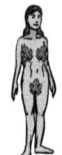

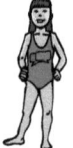

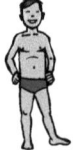

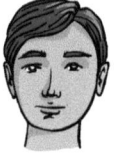

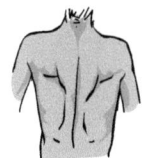

спина

selkä

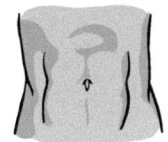

живіт

maha

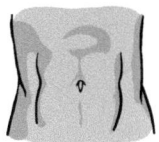

пуп

napa

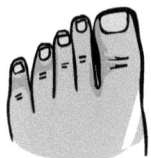

палець ноги

varvas

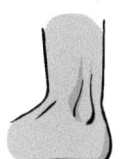

п'ята

kantapää

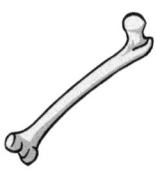

кістка

luu

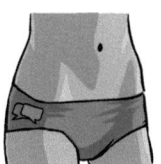

стегно

lantio

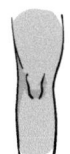

коліно

polvi

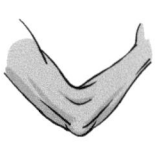

лікоть

kyynärpää

ніс

nenä

сідниці

takapuoli

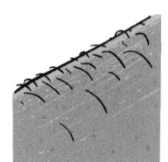

шкіра

iho

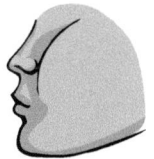

щока

poski

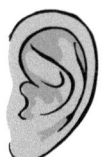

вухо

korva

губа

huuli

тіло - vartalo

рот

suu

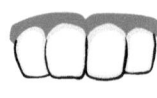

зуб

hammas

язик

kieli

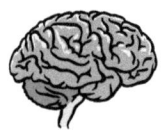

мозок

aivot

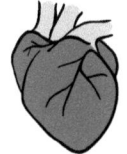

серце

sydän

м'яз

lihas

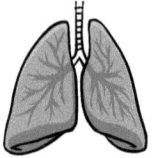

легені

keuhkot

печінка

maksa

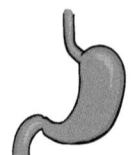

шлунок

vatsa

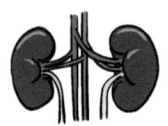

нирки

munuaiset

статевий акт

seksi

презерватив

kondomi

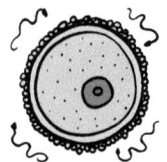

яйцеклітина

munasolu

сперма

sperma

вагітність

raskaus

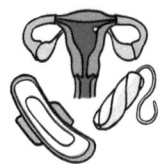

менструація

kuukautiset

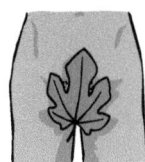

вагіна

vagina

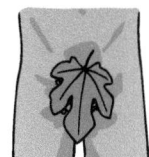

пеніс

penis

брова

kulmakarvat

волосся

hiukset

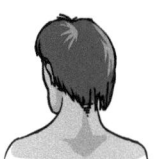

шия

niska

лікарня

sairaala

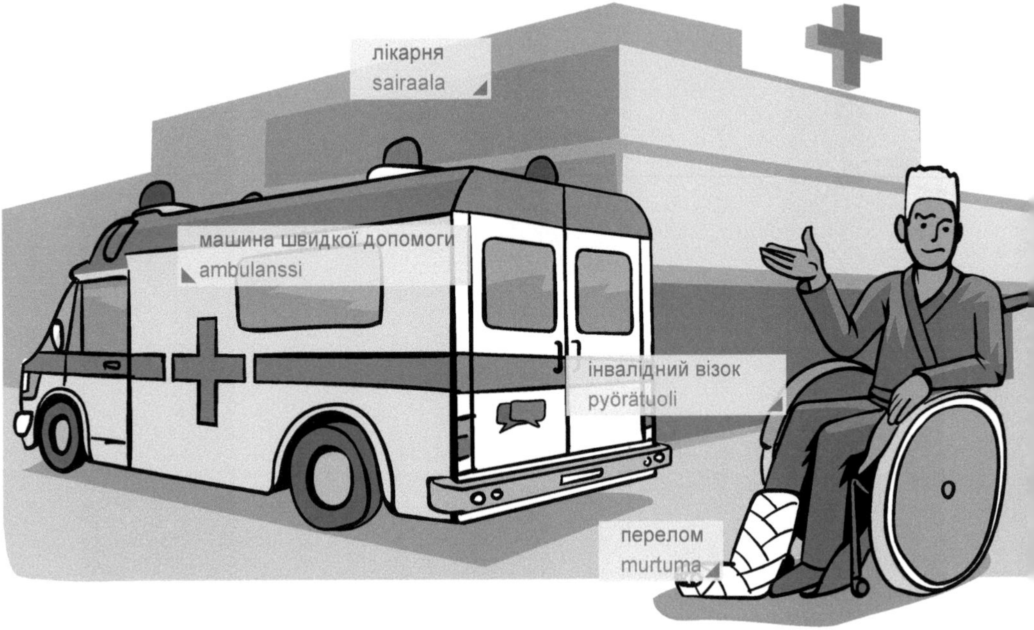

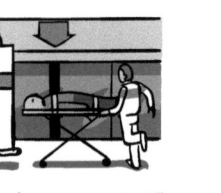

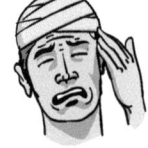

лікарня
sairaala
машина швидкої допомоги
ambulanssi
інвалідний візок
pyörätuoli
перелом
murtuma

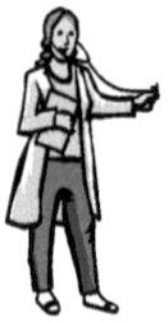

лікарня

lääkäri

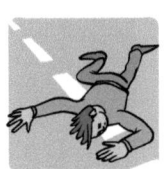

відділення швидкої модичної допомоги

ensiapu

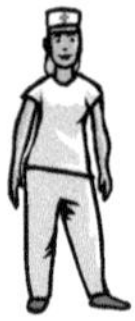

медсестра

sairaanhoitaja

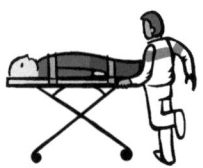

аварійний випадок

hätätilanne

непритомний

tajuton

біль

kipu

травма

vamma

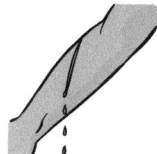

кровотеча

verenvuoto

інфаркт

sydänkohtaus

інсульт

aivoinfarkti

алергія

allergia

кашель

yskä

лихоманка

kuume

грип

flunssa

пронос

ripuli

головна біль

päänsärky

рак

syöpä

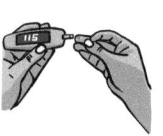

діабет

diabetes

хірург

kirurgi

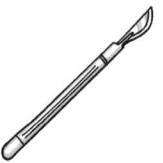

скальпель

veitsi

операція

leikkaus

КТ
ct

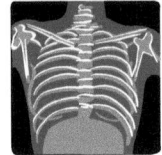

рентген
röntgen

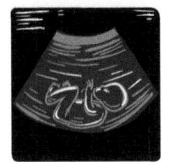

ультразвук
ultraääni

маска
maski

хвороба
sairaus

зал очікування
odotushuone

милиця
sauva

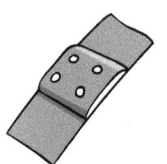

пластир
laastari

пов'язка
side

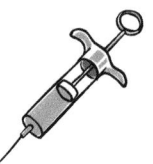

ін'єкція
pistos

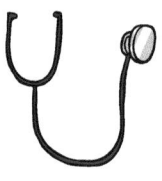

стетоскоп
stetoskooppi

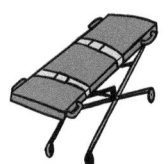

ноші
paarit

термометр
kuumemittari

народження
syntymä

надмірна вага
ylipaino

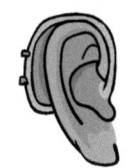

слуховий апарат

kuulolaite

дезінфікуючий засіб

desinfiointiaine

інфекція

infektio

вірус

virus

ВІЛ / СНІД

HIV / AIDS

медицина

lääke

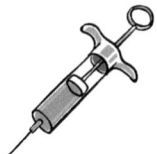

вакцинація

rokotus

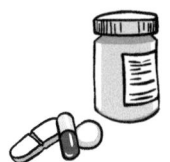

таблетки

tabletit

протизаплідна пігулка

pilleri

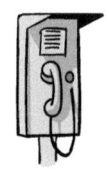

екстрений виклик

hätäpuhelu

тонометр

verenpainemittari

хворий / здоровий

sairas / terve

Допоможіть!

Apua!

сигнал тривоги

hälytys

напад

ryöstö

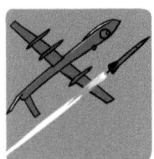

атака

hyökkäys

небезпека

vaara

аварійний вихід

hätäuloskäynti

вогнегасник

palosammutin

аварія

onnettomuus

Вогонь!

Tulipalo!

аптечка

ensiapulaukku

СОС

SOS

поліція

poliisilaitos

Європа

Eurooppa

Північна Америка

Pohjois-Amerikka

Південна Америка

Etelä-Amerikka

Африка

Afrikka

Азія

Aasia

Австралія

Australia

Атлантика

Atlantin valtameri

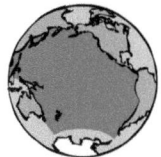

Тихий океан

Tyynimeri

Індійський океан

Intian valtameri

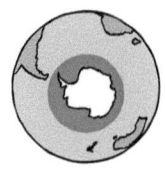

Антарктичний океан

Eteläinen jäämeri

Північний Льодовитий океан

Pohjoinen jäämeri

Північний полюс

pohjoisnapa

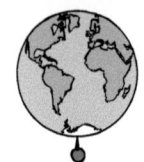

Південний полюс

etelänapa

Антарктика

Antarktis

Земля

maa

суша

maa

море

meri

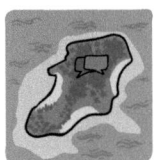

острів

saari

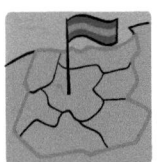

нація

kansa

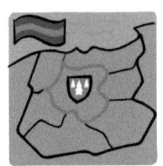

держава

osavaltio

циферблат

kellotaulu

годинникова стрілка

tuntiviisari

хвилинна стрілка

minuuttiviisari

секундна стрілка

sekuntiviisari

Котра година?

Paljonko kello on?

день

päivä

час

aika

зараз

nyt

цифровий годинник

digitaalikello

хвилина

minuutti

година

tunti

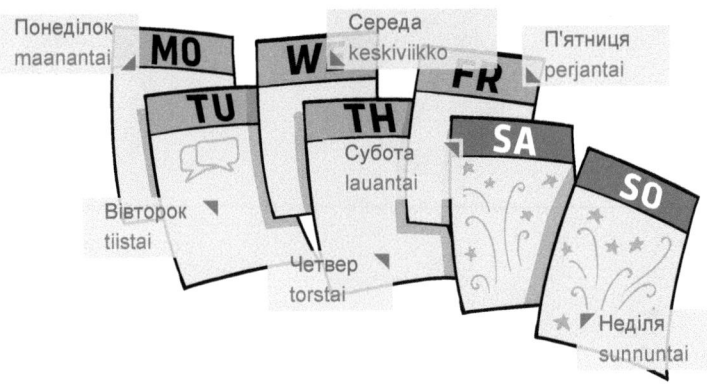

Понеділок maanantai — MO
Середа keskiviikko — W
П'ятниця perjantai — FR
Вівторок tiistai — TU
Субота lauantai — TH / SA
Четвер torstai
Неділя sunnuntai — SO

вчора

eilen

сьогодні

tänään

завтра

huomenna

ранок

aamu

опівдні

keskipäivä

вечір

ilta

робочі дні

työpäivät

кінець робочого тижня

viikonloppu

рік

vuosi

дощ
sade
веселка
sateenkaari
сніг
lumi
вітер
tuuli
весна
kevät
осінь
syksy
літо
kesä
зима
talvi

4.APRIL 11°
5.APRIL 4°
6.APRIL 13°
7.APRIL 8°
8.APRIL 10°

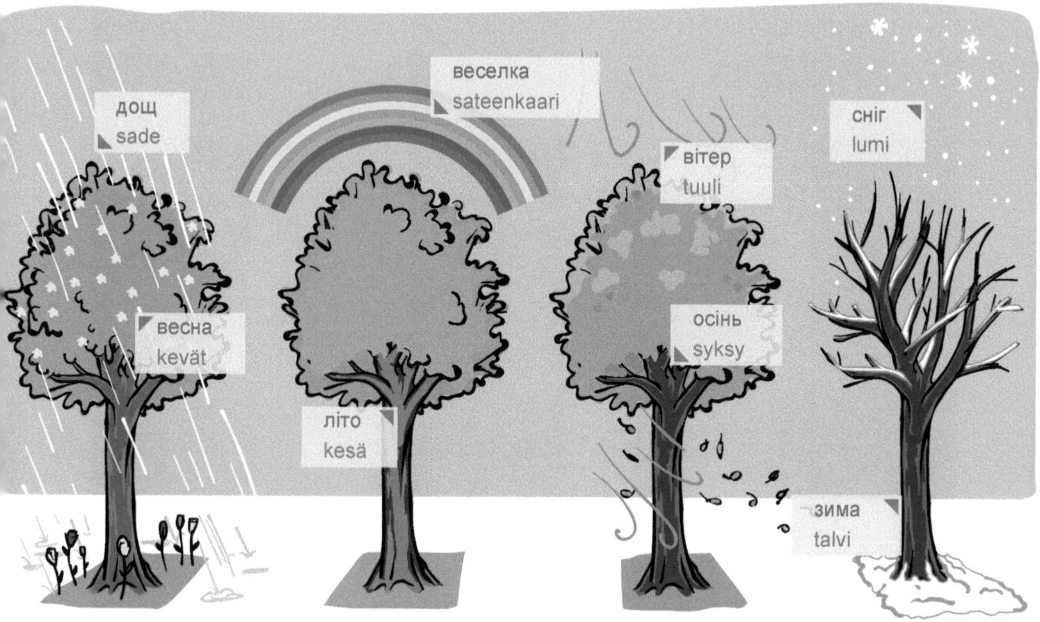

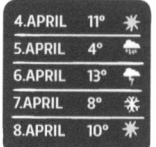

прогноз погоди

sääennuste

F
C

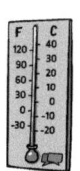

термометр

lämpömittari

сонячне світло

auringonpaiste

хмара

pilvi

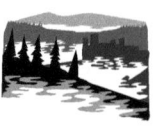

туман

sumu

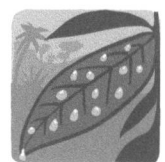

вологість повітря

ilmankosteus

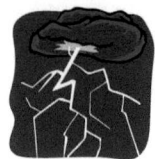

блискавка

salama

грім

ukkonen

шторм

myrsky

град

rae

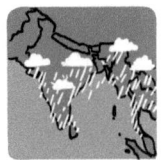

мусон

monsuuni

повінь

tulva

лід

jää

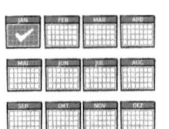

Січень

tammikuu

Лютий

helmikuu

Березень

maaliskuu

Квітень

huhtikuu

Травень

toukokuu

Червень

kesäkuu

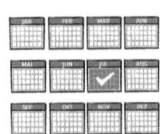

Липень

heinäkuu

Серпень

elokuu

рік - vuosi

Вересень

syyskuu

Жовтень

lokakuu

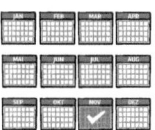

Листопад

marraskuu

Грудень

joulukuu

форми

muodot

круг

ympyrä

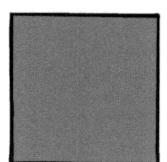

квадрат

neliö

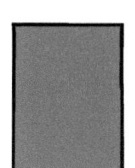

прямокутник

suorakulmio

трикутник

kolmio

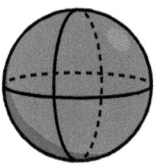

куля

pallo

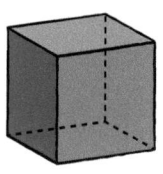

куб

kuutio

білий
....
valkoinen

жовтий
....
keltainen

помаранчевий
....
oranssi

рожевий
....
vaaleanpunainen

червоний
....
punainen

фіолетовий
....
violetti

синій
....
sininen

зелений
....
vihreä

коричневий
....
ruskea

сірий
....
harmaa

чорний
....
musta

багато / мало

paljon / vähän

лютий / мирний

vihainen / ystävällinen

гарний / бридкий

kaunis / ruma

початок / кінець

alku / loppu

великий / малий

suuri / pieni

світлий / темний

vaalea / tumma

брат / сестра

veli / sisko

чистий / брудний

puhdas / likainen

завершений /
незавершений
täydellinen / epätäydellinen

день / ніч

päivä / yö

мертвий / живий

kuollut / elävä

широкий / вузький

leveä / kapea

їстівний / неїстівний

syötävä / syömäkelvoton

злий / дружній

paha / kiltti

збуджений / нудьгуючий

innostunut / tylsistynyt

товстий / тонкий

lihava / laiha

спочатку / востаннє

ensimmäinen / viimeinen

друг / ворог

ystävä / vihollinen

повний / порожній

täysi / tyhjä

жорсткий / м'який

kova / pehmeä

важкий / легкий

painava / kevyt

голод / спрага

nälkä / jano

хворий / здоровий

sairas / terve

незаконний / законний

laiton / laillinen

розумний / дурний

älykäs / tyhmä

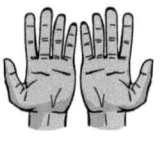

вліво / вправо

vasen / oikea

поруч / далеко

lähellä / kaukana

новий / використаний

uusi / käytetty

нічого / щось

ei mitään / jotain

старий / молодий

vanha / nuori

вкл / викл

päällä / pois päältä

відкрито / закрито

auki / kiinni

тихо / гучно

hiljainen / äänekäs

багатий / бідний

rikas / köyhä

правильно / неправильно

oikein / väärin

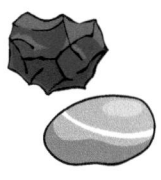

шорсткий / гладкий

karhea / sileä

сумний / щасливий

surullinen / iloinen

короткий / довгий

lyhyt / pitkä

повільно / швидко

hidas / nopea

вологий / сухий

märkä / kuiva

гарячий / холодний

lämmin / viileä

війна / мир

sota / rauha

протилежності - vastakohdat

87

0

нуль

nolla

1

один

yksi

2

два

kaksi

3

три

kolme

4

чотири

neljä

5

п'ять

viisi

6

шість

kuusi

7

сім

seitsemän

8

вісім

kahdeksan

9

дев'ять

yhdeksän

10

десять

kymmenen

11

одинадцять

yksitoista

12

дванадцять

kaksitoista

13

тринадцять

kolmetoista

14

чотирнадцять

neljätoista

15

п'ятнадцять

viisitoista

16

шістнадцять

kuusitoista

17

сімнадцять

seitsemäntoista

18

вісімнадцять

kahdeksantoista

19

дев'ятнадцять

yhdeksäntoista

20

двадцять

kaksikymmentä

100

сто

sata

1.000

тисяча

tuhat

1.000.000

мільйон

miljoona

англійська

englanti

американська англійська

amerikanenglanti

китайська
високочиновницька

mandariinikiina

хінді

hindi

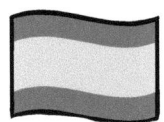

іспанська

espanja

французька

ranska

арабська

arabia

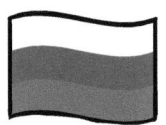

російська

venäjä

португальська

portugali

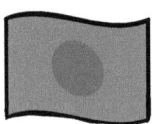

бенгальська

bengali

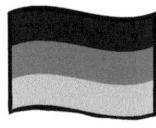

німецька

saksa

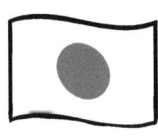

японська

japani

я

minä

ти

sinä

він / вона / воно

hän

ми

me

ви

te

вони

he

хто?

kuka?

що?

mitä / mikä?

як?

miten?

де?

missä?

коли?

milloin?

ім'я

nimi

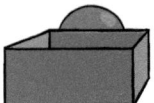

ззаду

takana

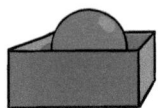

в

sisällä

перед

edessä

над

yläpuolella

на

päällä

під

alapuolella

біля

vieressä

між

välissä

місце

paikka